淡交テキスト

稽古と茶会に役立つ

よむ・みる・掛ける

茶席の掛物

茶掛雑談

光悦会の掛物 小田達也 2

掛物をよんでみよう 筒井紘一 4

…雲關無旧路

…白日是家山

醒々着 ととと

茶詩偈

…風和時雨

(おぼ)えておきたい 漢字のくずし字 橘 倫子 11

透・過・関(關)・是

了無宛消息

表八句画賛

色紙「この度は…」

宗旦忍達磨画賛「一息截断咄々喝々…」

おぼえておきたい 仮名のくずし字 橘 倫子 21

合字・畳字

名幅拝見—鑑賞の心得 小田達也 26

画賛2

大津馬図 松花堂昭乗筆 澤庵宗彭賛

秋萩図 尾形乾山筆

取り合わせと掛物 小林宗津 36

炉開き

私の一幅

神農さまと共にお茶を—神農像

季節のことば、禅のことば 44

表紙／一溪宗什筆 咄 醒々着 ととと

写真／小笠原敏孝 大道雪代 加藤公一

デザイン／キャスト・アンド・ディレクションズ

協力／柴田静樂堂 ほか

茶掛雑談《ちゃがけぞうだん》

光悦会の掛物

文／小田達也《おだたつや》（茶道研究家）

お茶席においては、実際にどのような掛物が好まれ、使われているのでしょうか。今回は、光悦会を例に見ていきたいと思います。光悦会は本阿弥光悦《ほんあみこうえつ》（１５５８～１６３７）の遺徳を偲ぶ茶会として、毎年十一月に京都鷹峯の光悦寺で催される茶会で、薄茶席一席、濃茶席三席が設けられます（令和二年度は開催されません）。担当となる世話人は趣向を凝らし、名物道具を用いて取り合わせをします。平成二年から二十六年までの二十五年間について、本席の掛物を総合的に見ていきましょう。

まず薄茶席について、二十五年間で本席の掛物は、一行が七席、山水画六席、光悦和歌断簡《だんかん》三席、佐竹本三十六歌仙《さたけぼんさんじゅうろっかせん》三席、西行の絵詞《えことば》二席、古筆切《こひつぎれ》二席、墨蹟《ぼくせき》、豊《ほう》公消息《こうしょうそく》がそれぞれ一席となっています。一行では一休が三席と人気が高いようです。山水画では松谿《しょうけい》、啓書記《けいしょき》、相阿弥《そうあみ》、小栗宗湛《おぐりそうたん》などいずれも室町時代の画人のものが使われ、薄茶席では唐物《からもの》より和物《わもの》の山水画が多く用いられていることがわかります。佐竹本三十六歌仙では、藤原信実《ふじわらののぶざね》、伊勢、大伴家持《おおとものやかもち》が使われ、広間を華やかに飾っています。

次に毎年三席懸けられる濃茶席について見ていきます。二十五年間で本席の掛物は、古筆三十五席、墨蹟二十四席、懐紙《かいし》五席、詠草《えいそう》、画賛《がさん》、経の断簡がそれぞれ二席、足利尊氏消息、利休・少庵和歌、一行がそれぞれ一席となりました。古筆がもっとも多く使用され、次いで墨蹟となります。古筆では寸松庵色紙《すんしょうあんしきし》、継《つぎ》色紙、筋切通切《すじぎれとおしぎれ》、小倉《おぐら》色紙、針切、石山切、小島切、本阿弥切など、その種類は多岐にわたります。墨蹟に関しては、中国僧で南堂清欲《なんどうせいよく》、蘭溪道隆《らんけいどうりゅう》、石溪心月《せっけいしんげつ》、無学祖元《むがくそげん》、中峰明本《ちゅうほうみんぽん》、無準師範《ぶじゅんしばん》、一山一《いっさんいち》寧《ねい》、日本僧で大燈国師《だいとうこくし》（宗峰妙超《しゅうほうみょうちょう》）、寂室元光《じゃくしつげんこう》、絶海中津《ぜっかいちゅうしん》などであり、濃茶席には中国僧の墨蹟が多く用いられています。

ちなみに、これらの掛物に取り合わせられた花入を見てみますと、古筆に対しては伊賀が十三席、胡銅《こどう》五席、青磁四席、竹四席と伊賀が多く、古筆切には伊賀がよく合うことがわかります。一方墨蹟に関しては、胡銅十席、青磁八席、伊賀三席と、こちらは胡銅、青磁が合うようです。

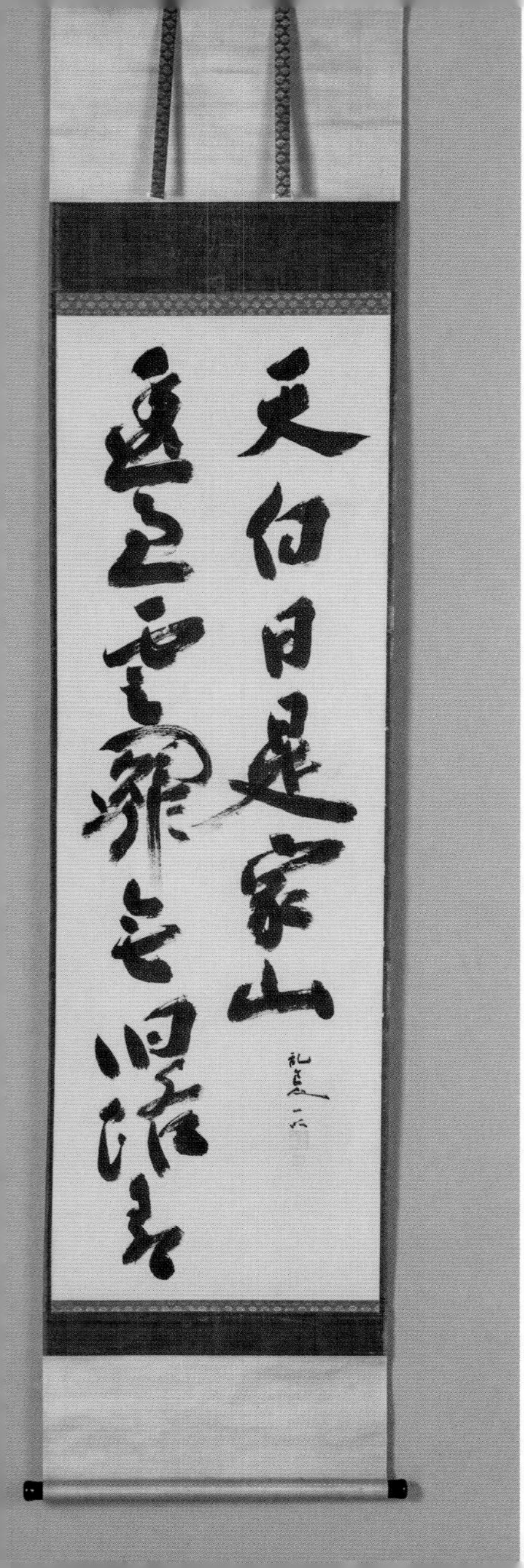

一

―よむ―

掛物をよんでみよう

文／筒井《つつい》紘一《ひろいち》（茶道資料館顧問）

毎月、前半は一行物、後半は画賛を中心に八幅を取り上げます。まずはご自身でよんでみて、解説は後でご覧ください。併せて、漢字や仮名のくずし字もまなびましょう。

咄

醒々着々

窟巌八困守き

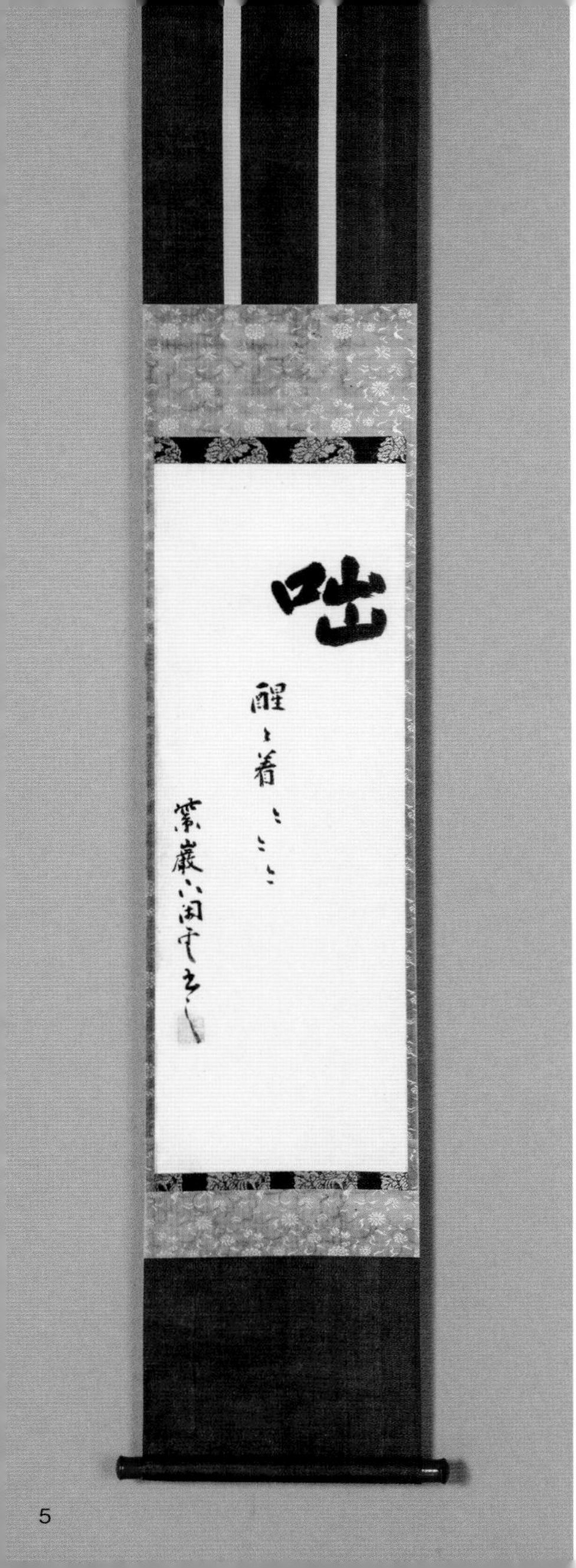

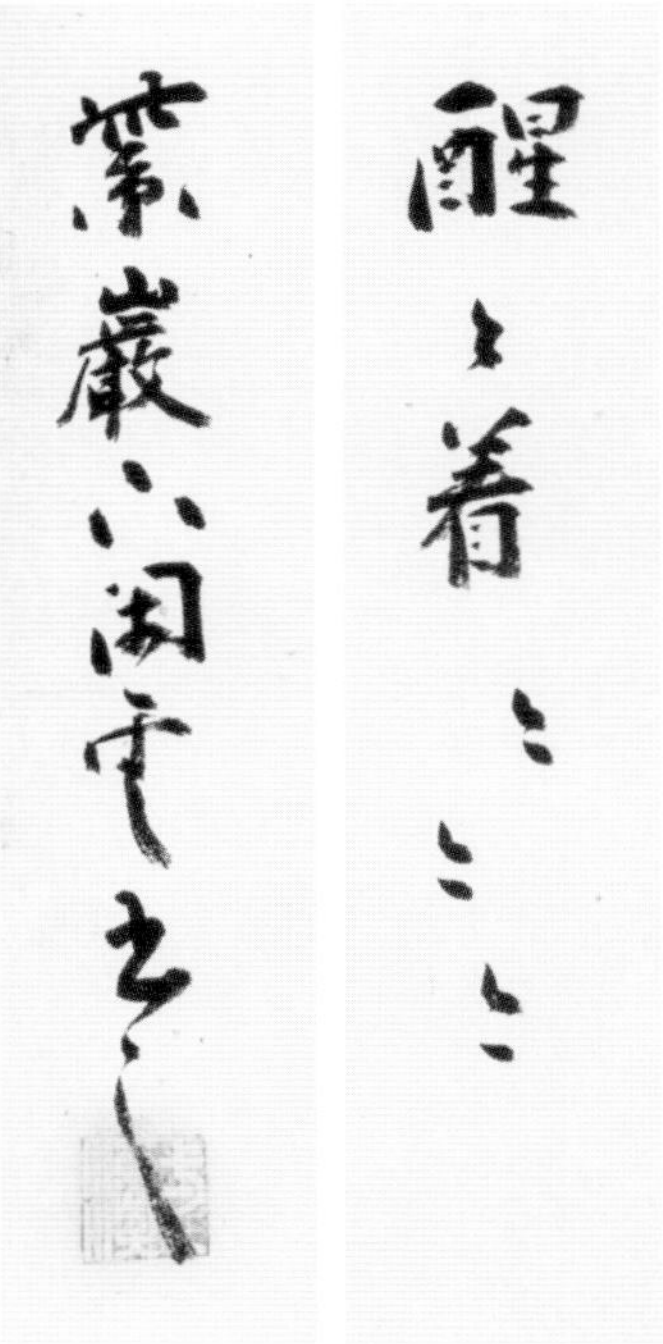

二

三

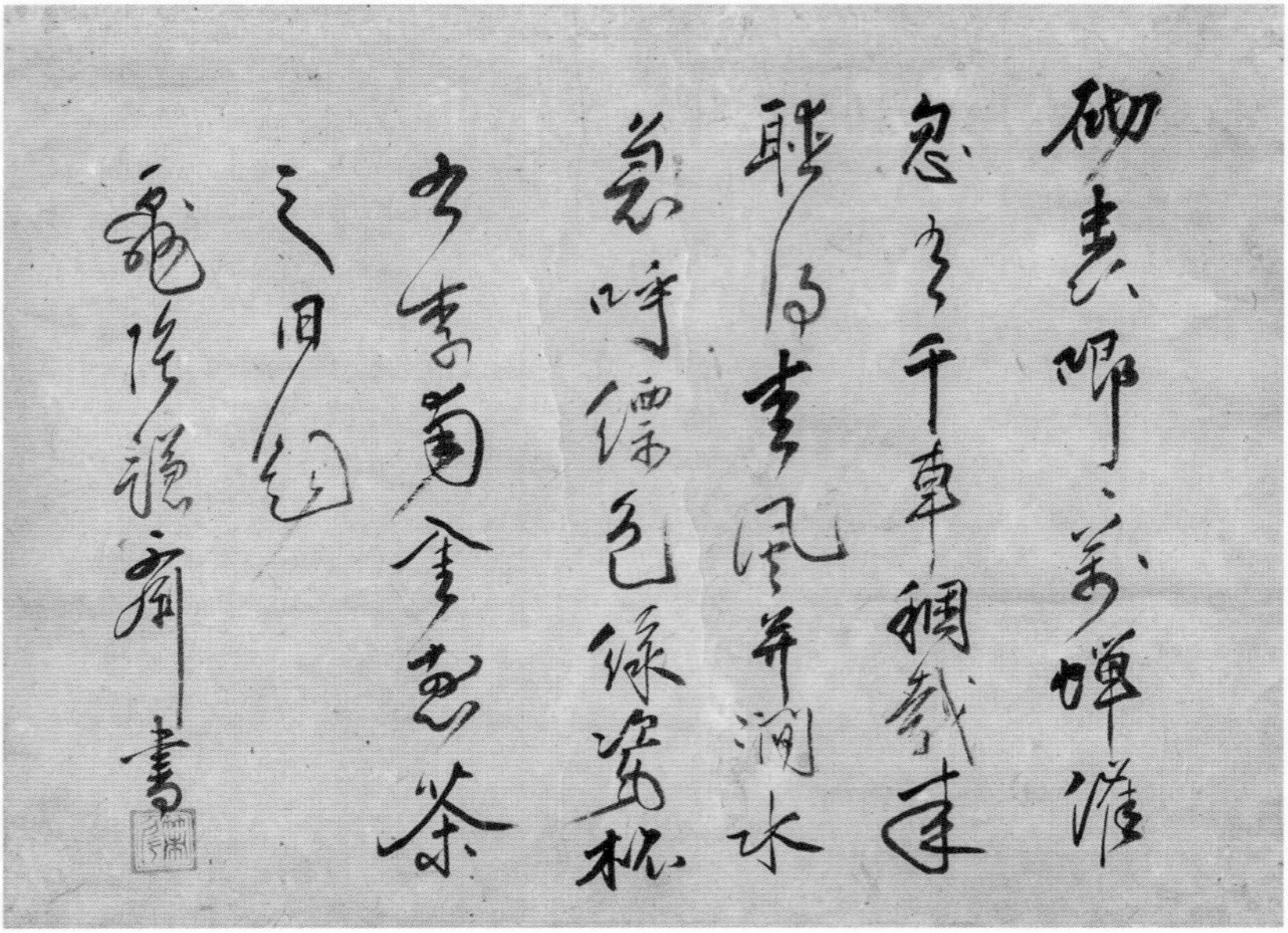

春風和吟雨

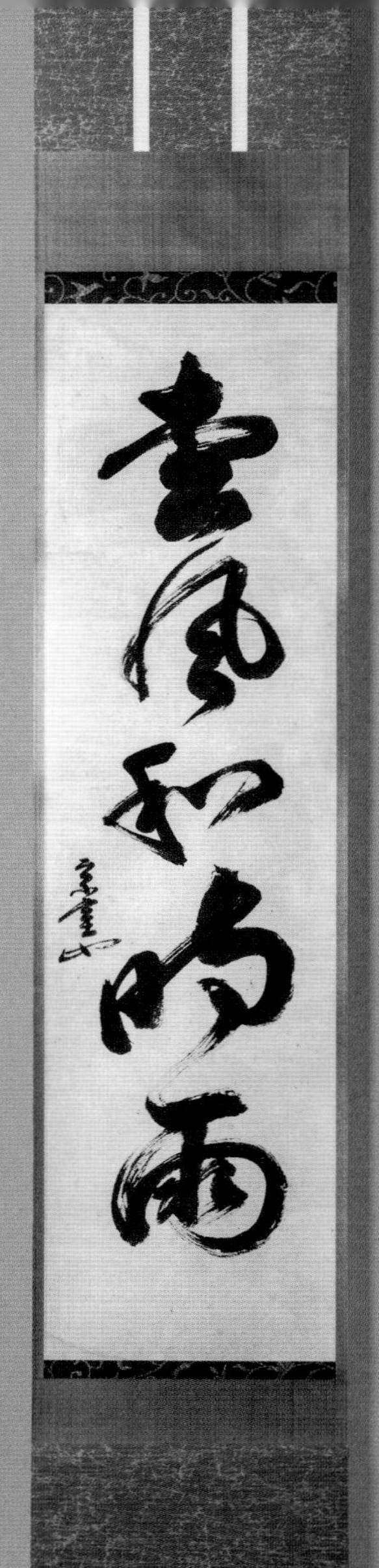

解説

一 透過雲關無旧路 青天白日是家山

（雲関《うんかん》を透過《とうか》して旧路《きゅうろ》無《な》く 青天白日《せいてんはくじつ》是《これ》家山《かざん》）

天室宗竺《てんしつそうじく》筆 二行

透過云々の偈《げ》は『碧巌録《へきがんろく》』第八則「雲門《うんもん》の関《かん》」に由来し、本公案には大徳寺開祖大燈国師も苦労した。辛苦してようやく峠の頂《いただき》に到達すると、景観のよさに辿ってきた道など忘れてしまった、の意。通常は「南北東西活路通」という自由闊達な境涯の偈が続くが、大徳寺第一九〇世住持天室宗竺（1605～67）は、自然界がすべて自分の住居であるという、悠々とした偈を付した。

二 咄《とつ》 醒々着《せいせいじゃく》 こ こ こ

一溪宗什《いっけいそうじゅう》筆 一行

大徳寺第二二一世一溪宗什（1618～84）が「咄」に小書《こがき》を添えた一幅。署名は「紫巌下閑雲書之」と見える。玉舟宗璠《ぎょくしゅうそうばん》の法嗣《はっす》で、「閑雲」「松月老人」と号す。

「咄」とは、発声語の「あゝ」という意であり、いわば能の「翁《おきな》」の最初に発声される「とうとうたらり」と同様の語といえよう。宗旦の「咄斎」も同様の自由な境涯を表現している。続く「醒々着」は目を醒《さ》ませという意である。全体は、「おい、早く目を醒ませよ」といって、叱咤激励する語である。

煎茶詩偈

策彦周良《さくげんしゅうりょう》筆　詩偈

三

策彦周良（1501〜79）は日明貿易で活躍した天龍寺の禅僧。天文六年（1537）に周防大内義隆の命により入明し、『策彦入明記』を残している。南宋末期の詩人李南金の「煎茶」の七言絶句を書写している。

砌蟲喞々萬蟬催　忽有千車稇載来
聴得松風并澗水　急呼縹色緑瓷杯

全体は釜の湯音の変化を述べた詩である。最初は、虫が集《すだ》くような小さな音からはじまり、蟬の鳴き声のようになり、多くの車が荷物を積んで通るような音になると葉茶を投げ込む。一瞬で音がとまり、次に松風の音や谷水の音が聞こえるようになったら、青磁の碗に汲み上げなさい、という程の意。

枀風和時雨

（枀風時雨《しょうふうしぐれ》に和《わ》す）

圓能斎《えんのうさい》筆　一行

四

裏千家十三代圓能斎鉄中宗室（1872〜1924）による「松風和時雨」の一行書。五十三歳で逝去した圓能斎の一番充実していた大正初年頃の書である。一行の語「時雨」から連想されるのは風炉の名残《なご》りの茶のイメージであるが、開炉の口切《くちきり》に使用したい一行である。

類似の語「和松風（松風に和す）」は、松に穏やかな風が吹き渡り、その松風と心を一つにする、また釜の湯の沸く音にじっと聞き入るような無我の境地をいう。本幅の語はさらに「時雨」に和すということで、初冬の頃の季節感が加わる。

おぼえておきたい **漢字のくずし字**

文／橘《たちばな》 倫子《みちこ》（茶道資料館学芸課長）

11月の茶席でよく見かける難解文字のうち、特徴的で覚えやすい字を紹介します。

①

②

③

④

おぼえておこう

【香】

【手】

「辶（しんにょう）」を部首とする字はこれまでにも紹介してきましたが、「透」にもその特徴が現れています。L字に近い形②や下部に弧を描く形④など、よく見かける形を覚えておきましょう。「秀」は、「禾」＋「乃」ですが、上部は「香」などと同じ形になり、「手」に似たくずし形にもなります③。下部の「乃」はかな文字「の」の項でも紹介ました。復習を兼ねて、5号でかな文字の確認をしておくとよいでしょう。

過

①

②

③

④

おぼえておこう

【間】

「透」に続いて、こちらも「辶（しんにょう）」の字です。「咼」は「間」のくずし字と大変よく似た形になります①④。また、「る」の下にやや弧を描いた横線を一本足したような形②③もよく見かけます。漢字ではなく、かな文字かと勘違いしてしまいそうな形ですね。よく登場する字ですので、この特徴的な形を覚えておきましょう。

関

關

おぼえておこう

【開】

「関」は旧字体「關」のくずし字も多く用いられており、省略が進むと「開」に似た字になります①④。また、「門（門がまえ）」の特徴として、上部に「冖（ワかんむり）」のような形で移動することが多く②③、「關」の場合は「算」のような形になります。茶席の掛物で「關」一字を揮毫した墨蹟もよく見かけますので、ぜひ覚えておきたい一字ですね。「ワかんむり」に見える場合は、常に「門がまえ」の可能性があることを併せて考えるようにしましょう。

是

①

②

③

④

◆おぼえておこう

【足】

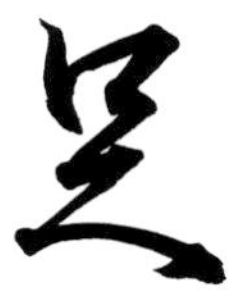

【道】

書／青山緑珠
透、香、手、過、間、関、關、開、是①②④、足、道
※そのほかの字は墨蹟の写真から抽出しています。

「是」の上部「日」は「口」に略され②、さらに「ソ」＋「そ」のような形になります④。上部を「口」と判断してしまうと、「足」と間違えてしまう可能性があります。また、④の最後がやや弧を描いている形の場合は、「辶（しんにょう）」の特徴に近くなり、「道」のくずし字と形が似てきます。誤読しやすい字ですので、似た字も一緒に覚えておき、別の字の可能性も疑うようにしましょう。

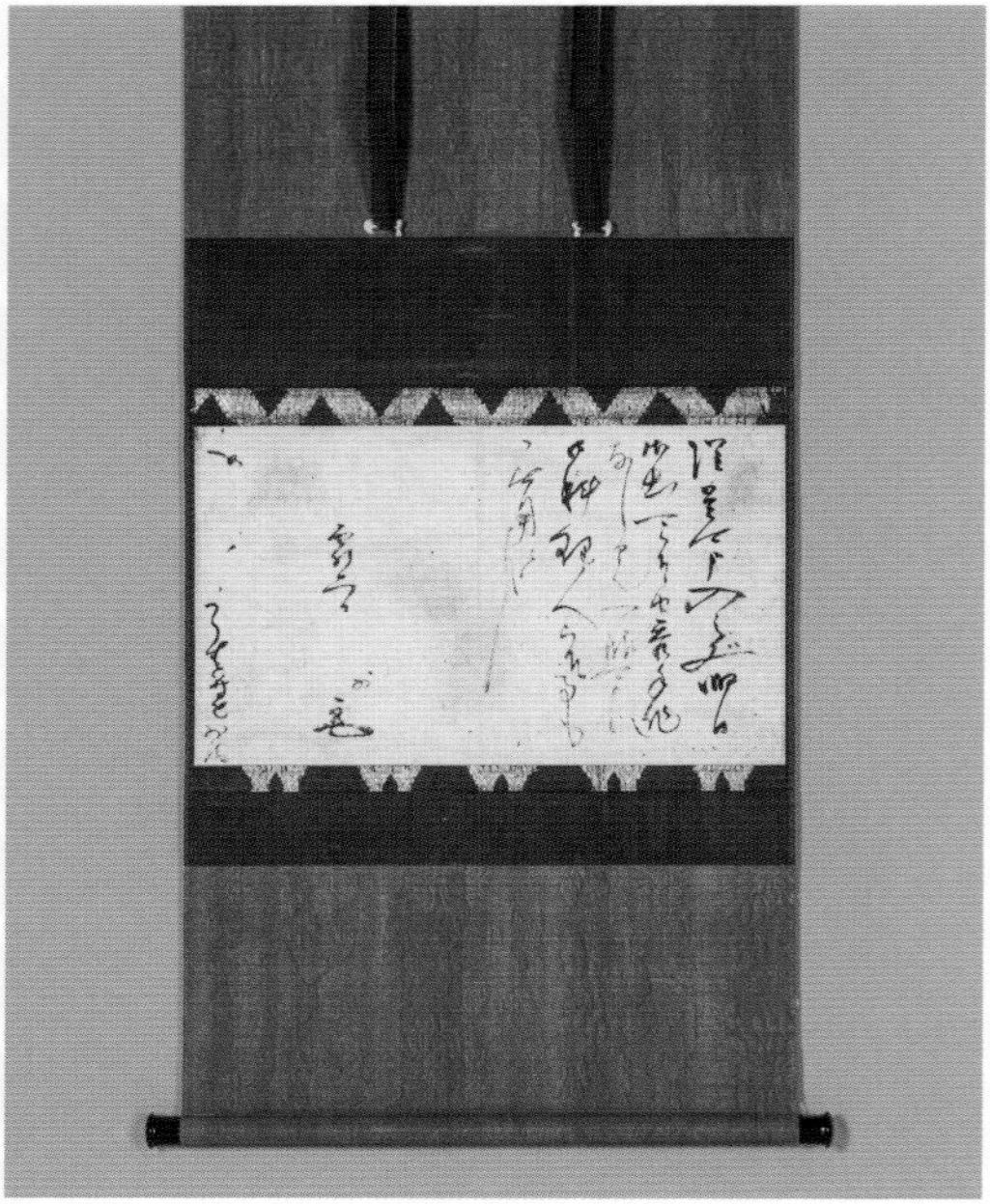

五

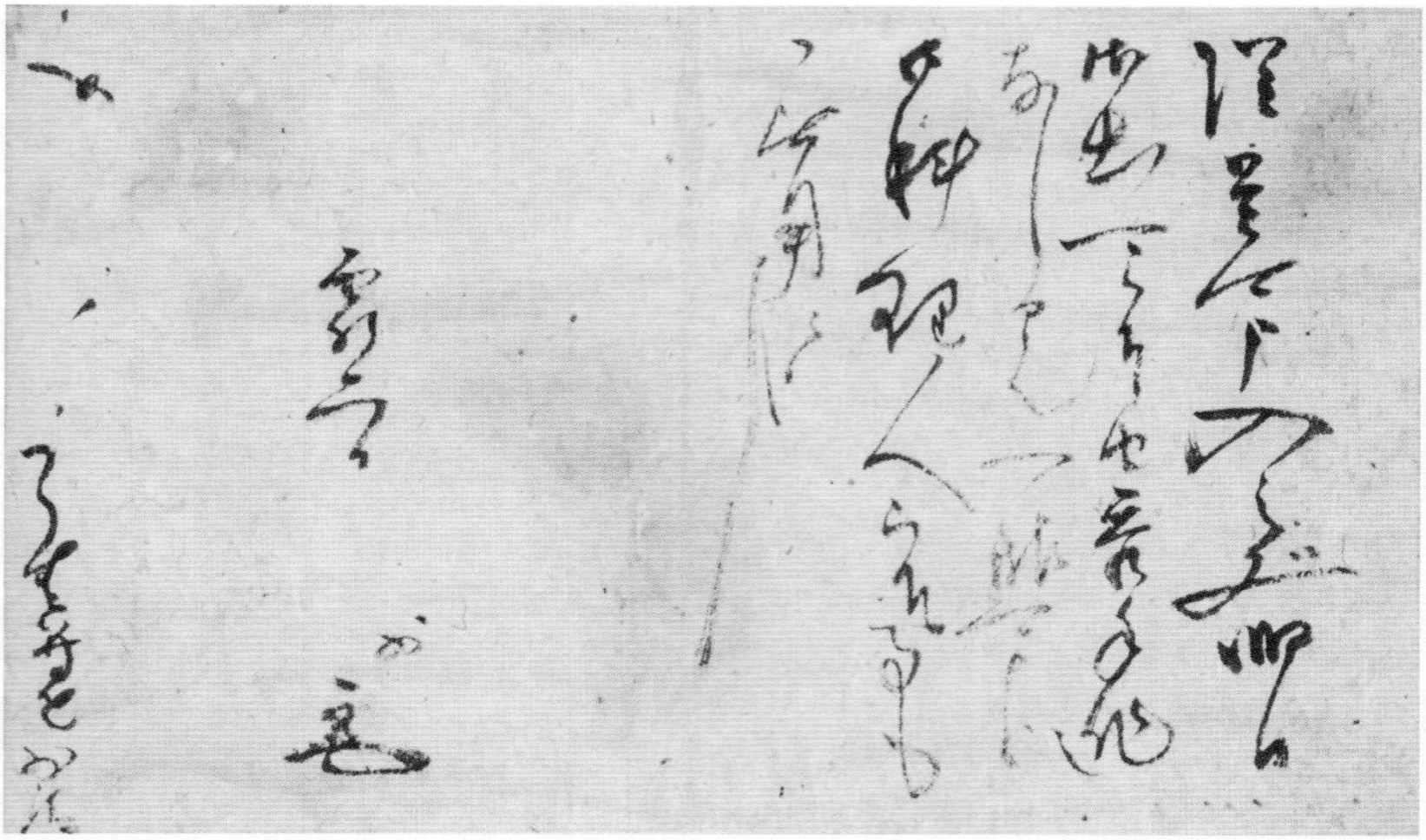

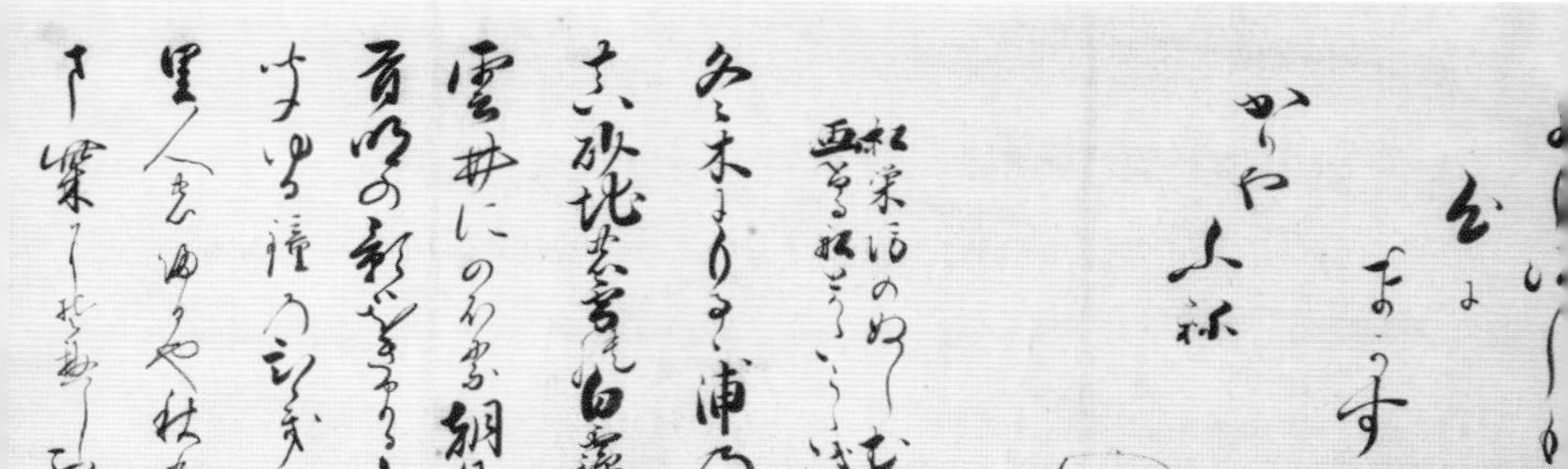

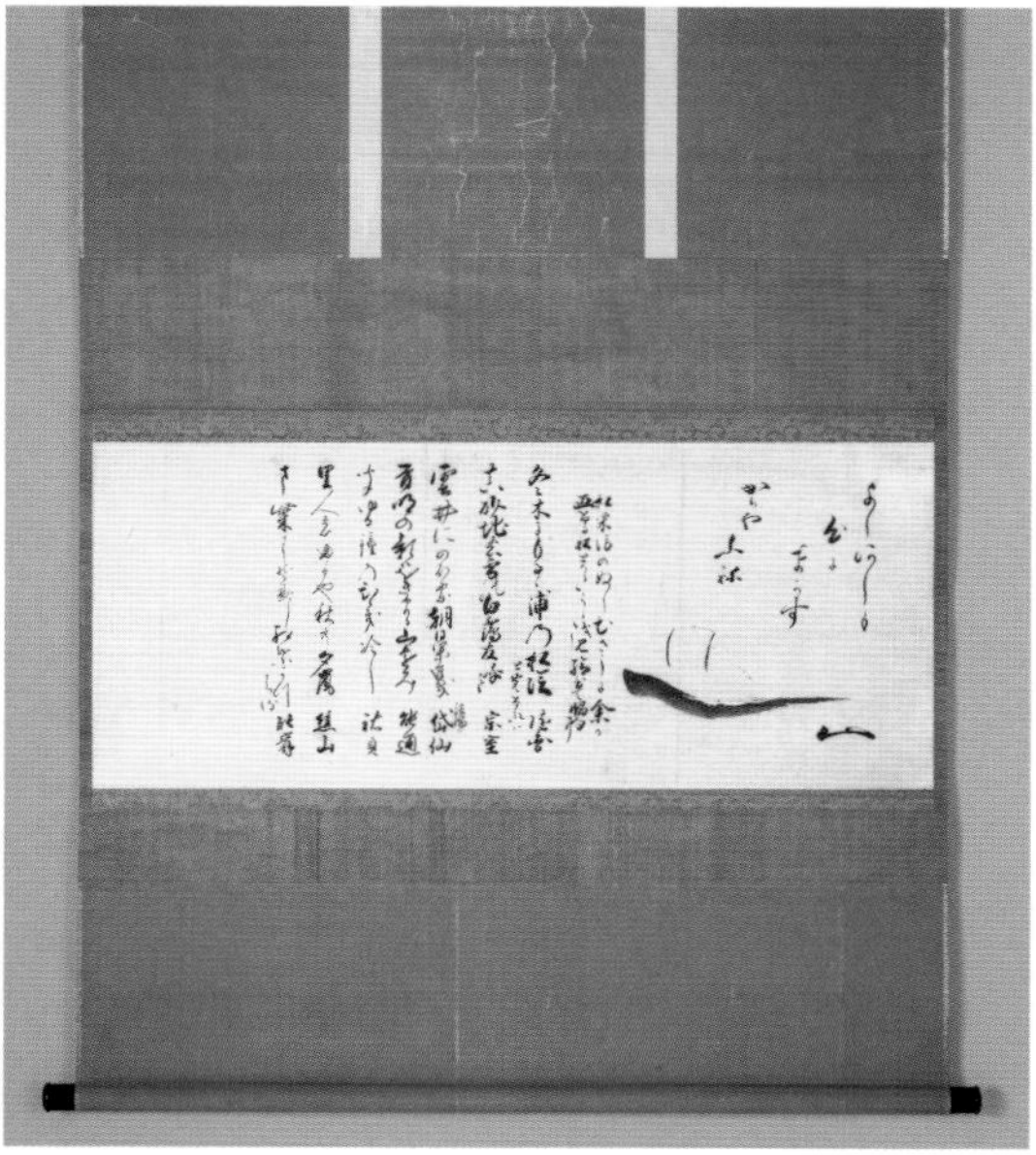

六

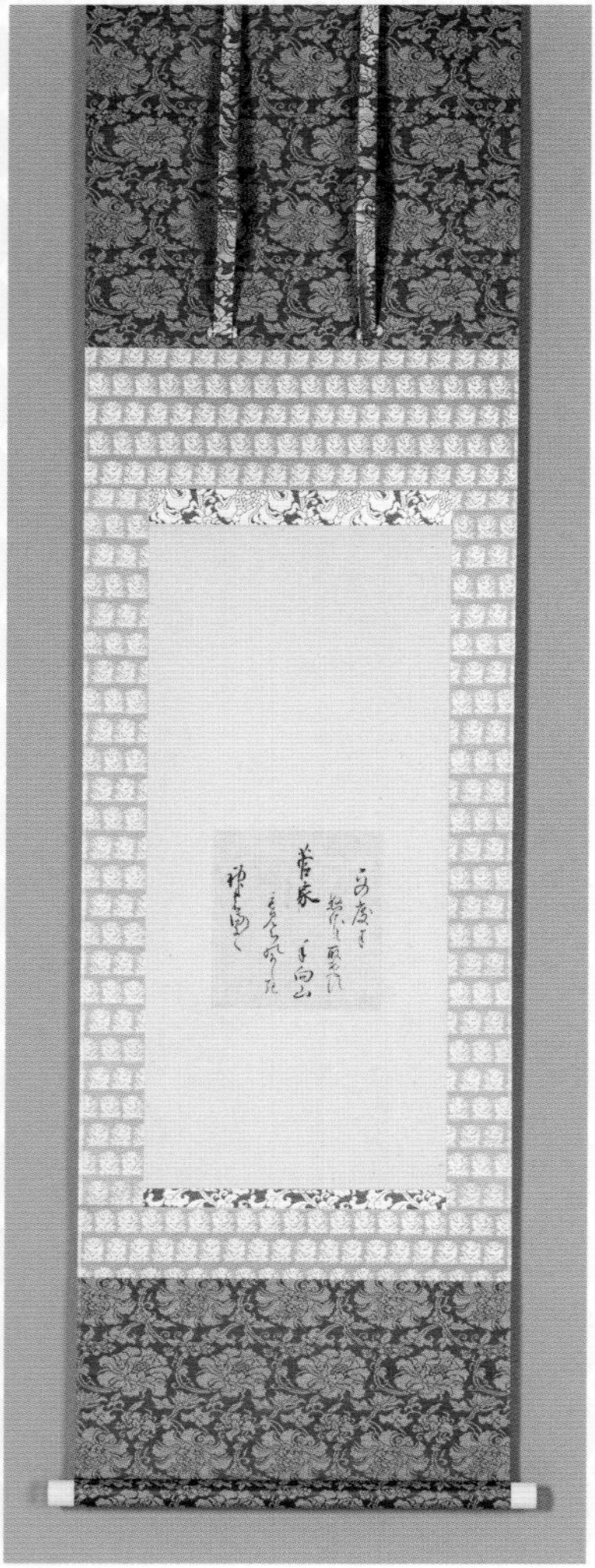

七

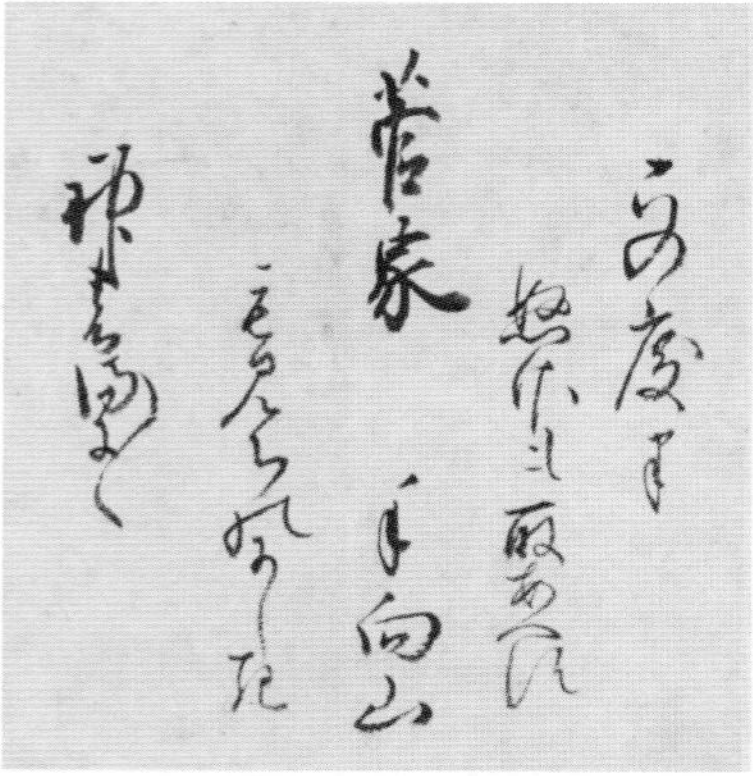

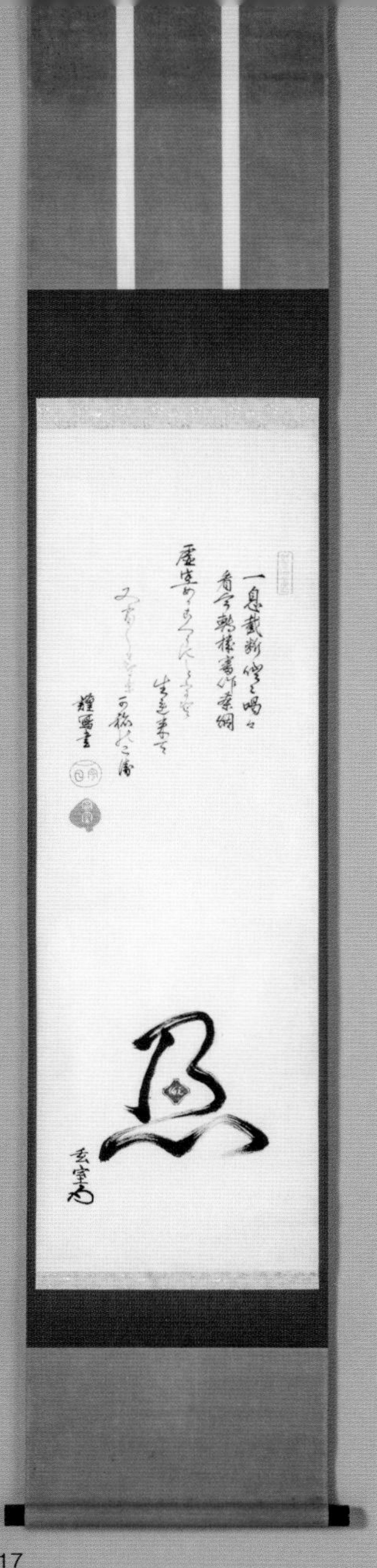

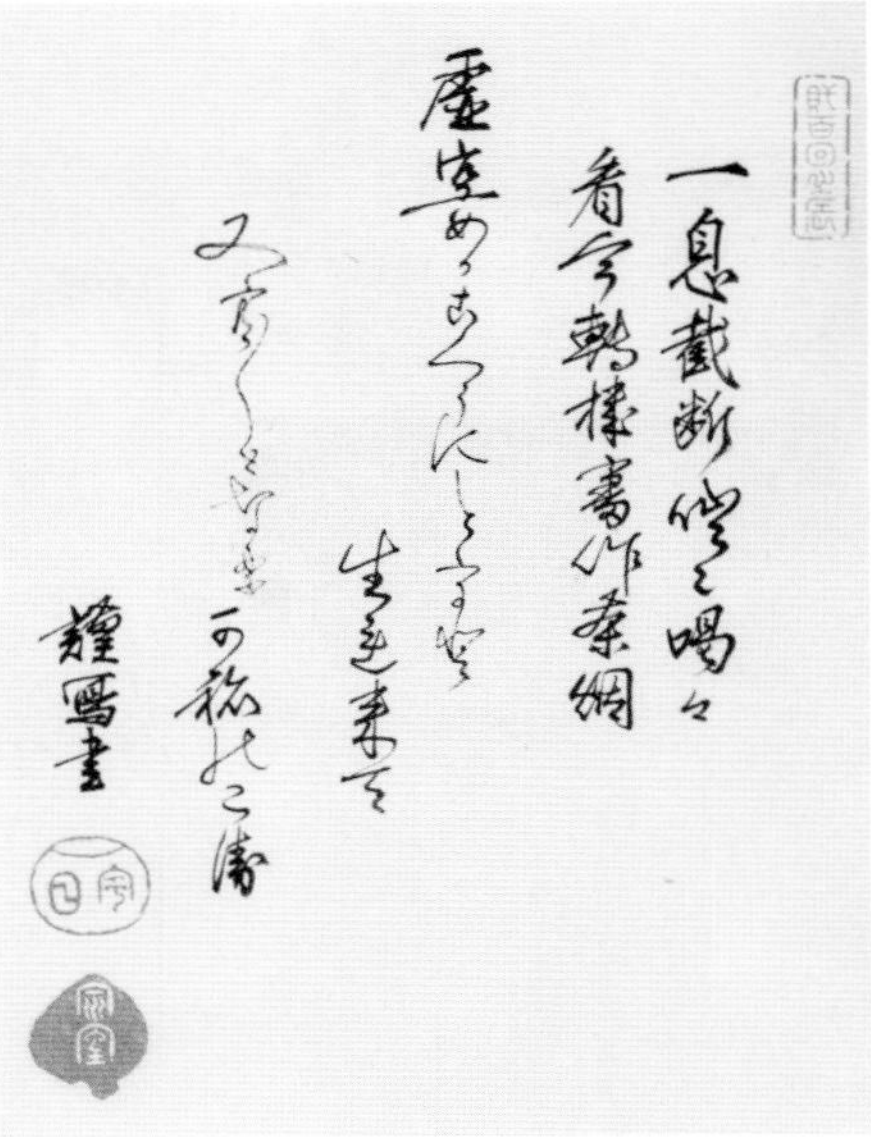

八

解説

五　了無《りょうむ》宛消息

千少庵《せんしょうあん》筆

従是可申入之処、明日
御出可被下候由、忝手作
な《奈》し《之》る《留》に《尓》て《天》一服可申候、
御料理人被下候事も《毛》
御無用に候、かしく
霜二日　　少（花押）
了無尊老　　少庵

※仮名の横に配している漢字は、その仮名の字源です。
※解読文には区切りに空白を入れ、文意を捉えやすくしています。

千少庵（１５４６～１６１４）による茶会案内の消息であり、十一月二日付である。内容は以下の通り。

明日の茶会に来庵くださるとのことで、手作りの菜汁で一服差し上げたいということと、料理人を遣わしましょうかという申し出に対して無用である旨が書き添えられている。宛名の了無について、仔細は不明であるが、翌日には来庵できる人物であることから近隣の西陣界隈の人物だとわかる。

六

表八句画賛

認得斎《にんとくさい》筆

よ《与》し《之》あ《阿》し《之》も《毛》心に《尓》ま《末》か《可》す《寸》か《加》り《利》や《也》ふ《不》ね《祢》
　松栄坊の《乃》ぬ《奴》し《之》む《武》さ《左》う《宇》に《尓》余か《可》
　画《えが》け《希》る《留》船と《止》か《可》た《多》ら《良》(ひ)し《之》を《越》見給ひ《飛》て《天》脇句に《耳》

冬木に《尓》も《毛》る《留》ゝ浦の《乃》松陰　随園
と《止》聞え《衣》け《希》れ《礼》ハ《八》

真砂地《まさごじ》の《農》雪の《能》白鶴《しらつる》友呼て《天》　宗室
雲井に《仁》の《乃》ほ《本》る《累》朝日か《閑》け《氣》哉　法橋岱仙
有明の《乃》影ハ《八》を《遠》き《幾》ま《末》に《尓》山遠み《美》　能通
聞ゆ《由》る《留》鐘の《乃》ひ《飛》ゝき《幾》冷し《之》　祐貞
里人の《農》帰る《留》や《也》秋の《乃》夕嵐　樵山
ま《万》柴に《耳》そ《楚》へ《遍》し《之》紅葉か《可》つ《川》ち《知》る《流》　能宥

裏千家九代不見斎（1746～1801）と十代認得斎（1770～1826）は余技として連歌《れんが》を好んでおり、連歌師里村昌逸《さとむらしょういつ》（1765～1838）との交友が続いている。認得斎が連歌会に出席し、発句と三句を付けて八句が終了したところで全体を整え、執筆して表具した一幅である。

発句は認得斎が「よしあしも心にまかすかりやふね」と詠み、随園の脇句の詞書《ことばがき》は、「松栄坊（北野神社社僧）のぬしむさうに余か…」とあって、脇句「冬木にもるゝ…」を付けている。それに対して認得斎が三句目を付し、以下四句目以後が続いている。こうした記録を見ても、茶匠の教養の一つが俳諧であったということができよう。

色紙「この度《たび》は…」

後西天皇《ごさいてんのう》御宸翰《ごしんかん》

この《古乃》度は《半》ぬ《怒》さ《佐》も《毛》取あ《安》へ《部》す《須》手向山《たむけやま》
も《毛》み《見》ち《知》の《能》に《尓》し《之》き《起》神の《農》ま《満》に《尓》〳〵

第一一一代後西天皇（1637～85）が百人一首のすべてを形式違いに描き、第六皇子で毘沙門堂《びしゃもんどう》門跡の公弁法親王《こうべんほっしんのう》に下賜された内の一枚を表具した一幅。本幅の一首は菅原道真《すがわらのみちざね》の歌「この度はぬさも取あへす手向山　もみちのにしき神のまに〳〵」を書されている。天皇は百首を書くにあたって、中心に「菅家《かんけ》」と置いて一首を散らし書きにされている。菅原道真は和歌の神であり、御霊神でもあることから、謹んで認められたということであろう。

七

宗旦《そうたん》忍達磨《しのぶだるま》画賛「一息截断咄々喝々…」

玄々斎《げんげんさい》・一如斎《いちにょさい》合筆

宗旦二百年忌にあたる安政三年（1856）に、一如斎玄室（1846～62）が忍達磨の画を描き、玄々斎（1810～77）が宗旦遺偈《ゆいげ》とされる賛を付した一幅。

一息截断《いっそくせつだん》す咄々喝々《とつとつかつかつ》
今《いま》に看《み》る転機《てんき》審《つまび》らかに茶烟《ちゃえん》を作《な》す
虚空《こくう》め《女》か《可》こ《古》く《久》う《宇》に《仁》と《止》ふ《不》に《尓》と《登》生れ《連》来て《天》
又空〳〵と《止》な《奈》る《累》か《可》ね《祢》の《能》こ《己》ゑ《衞》　謹写書

一如斎は玄々斎の長子で弘化三年六月十日に誕生。嘉永六年（1853）の稽古はじめに玄室名を名乗り、宗旦年忌には十一歳で薄茶席を担当。しかし、文久二年に十七歳で夭折した。

八

おぼえておきたい 合字と畳字

文／橘 倫子（茶道資料館学芸課長） 書／青山緑珠《あおやまりょくじゅ》
※22・23ページの例を除く

第11回は、くずし字と関連が深い特殊な文字「合字」と「畳字」を取り上げます。

合字……

合字《ごうじ》とは、複数の文字を合成して一字にしたもので、アルファベット、漢字、ひらがな、カタカナなど、さまざまな言語に合字が見られます。

その中で、かな文字に関しては、現在でも古文書の翻刻《ほんこく》文（活字）などで多く使用されている「ゟ（より）」や「ヿ（こと）」の合字があります。二文字を合成してできた合字では一字で二音（二音節）の発音となります。かな文字の合字は、くずし字で二文字を続けて書いた連綿体《れんめんたい》（続け字）がさらに略されて一字の合成文字に変化したものといえます。このため、連綿体と合字との区別が難しい場合が多く見られます。

畳字……

畳字《たたみじ》とは、同じ字が続く場合に二字目の文字の代わりに用いる繰り返しを示す符号です。「踊り字」「重ね字」とも呼ばれ、一字目が漢字か、かな文字（ひらがな、カタカナ）かによって畳字の種類も変わります。同じ単語を重ねて、もしくは畳字を用いてできた複合語は畳語と呼ばれます。合字に比べると、畳字は一行書から書状、和歌懐紙まで広く見かけることがあると思います。

◎合字の「ゟ」

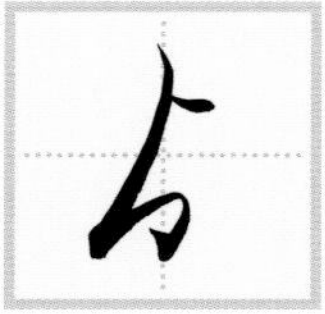

【参考】連綿体の「より」

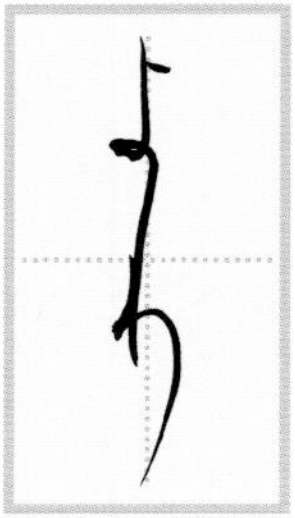

「より」は起点、方法、手段などを表す格助詞で、「よ」と「り」の二文字を続けた連綿体（続け字）がさらに略されて一字の合成文字になりました。「江戸ゟ」「去年ゟ」などの形で登場し、助詞の「者（は）」「茂（も）」「江（へ）」などと同じく「右寄せの小字」で記されることが多いです。また、「よりみち（寄り道）」「としより（年寄り）」などのように「よ」と「り」が連続しても、他の品詞の表記には使われません。

以上のことから、掛物の中に登場することは大変稀で、内容が書状の場合や小書などの文章に限られます。

例／御隠居様ゟ

例／右得貴意ゟ

◎合字の「こと」

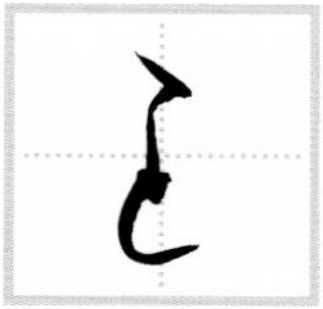

【参考】連綿体の「こと」

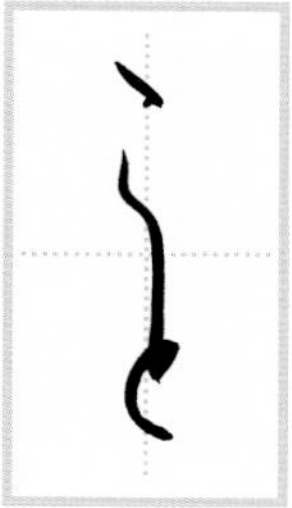

〈カタカナの合字〉

◀トモ

◀トキ

◀コト

「こと」は名詞の「事」をかな文字の連綿体「こ」＋「と」で記したものがさらに略されて一字の合成文字になったものと考えられます。字の形としては連綿体と合字の区別が難しく、手書きの文中、とりわけ掛物に使われるような文中で筆者がわざわざ合字として意識的に使っている例はそれほど多くはありません。

例／法あることを

かな文字の合字では、いわゆる「カタカナ」を横に二文字並べて一字に合成したものとして「𪜈（トモ）」「𪜊（トキ）」などがあります。一般的にはくずし字の連綿体として登場するかな文字は「ひらがな」で、カタカナの合字が掛物に登場する機会はさらに限られているため、合字の存在について知っておく程度でよいと思います。

◎かな文字（ひらがな）に用いる畳字「ゝ」「ゞ」

例／ちゞみ（ちぢみ）

◎かな文字（カタカナ）に用いる畳字「ヽ」「ヾ」

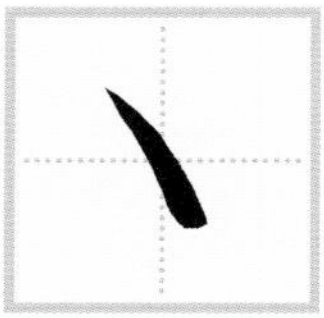

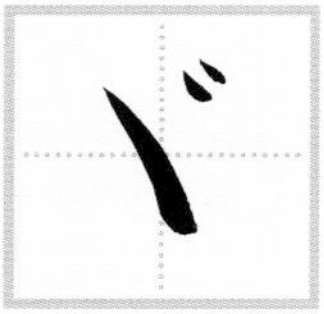

例／候ハヽ（候はば）

かな文字に用いる畳字は、現在ではひらがなは「ゝ」、カタカナは「ヽ」と区別されていますが、江戸時代に厳密な区別はなかったようです。ただし、解読して表記する場合には一字目が「ひらがな」か「カタカナ」かによって「ゝ」「ヽ」を区別して記す必要があります。

また、「ちぢみ」など、二字目が濁音でも江戸時代には濁点をつけず、清音で書き表すことも多いため、実際の筆跡としては「ちゝみ」「ちゞみ」が併存します。カタカナに用いる「ヽ」が頻繁に用いられる例として「…候ハヽ（候はば）」という表現があります。「存候ハヽ」「罷越候ハヽ」など、動詞と共に頻繁に用いられます。

◎漢字に用いる畳字「々」

◎「〻」

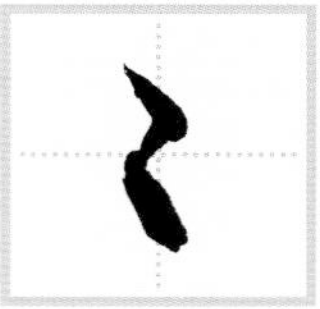

「明歴々露堂々」といった禅語の掛物を見かける機会があると思います。それぞれ「歴歴」「堂堂」と文字が重なる場合に二字目の漢字を省略して、代わりに繰り返しを表す「々」が用いられています。「々」の形から「ノマ点」とも呼ばれます。

また、漢字に用いる記号として「々」とよく似た「〻（二の字点）」があります。「各〻」「夫〻」などの形で使われます。これは一字目の漢字を訓読みにして繰り返すことを表す記号ですが、江戸時代には「々」との区別は明確ではなく、「〻」も畳字と同様に使われています。

例／堂々（どうどう）

例／各〻（おのおの）

◎二文字以上の繰り返しに用いる畳字「〱」「〲」

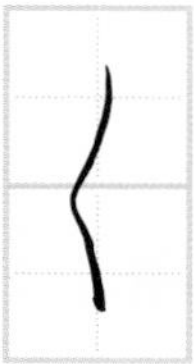

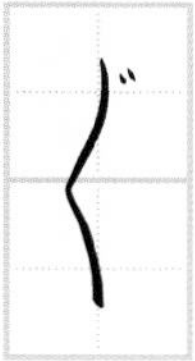

「いよいよ」「さまざま」など二文字以上の繰り返しについては「くの字点」と呼ばれる畳字が用いられます。濁音で書き記す場合は記号に濁点がつきます。

例／いよいよ

例／さまざま

―みる―

名幅拝見―鑑賞の心得

11 画賛2

文／小田《おだ》達也《たつや》（茶道研究家）

毎月、掛物の種類ごとに鑑賞の心得をまなんだ上で、二幅の名幅を誌上で拝見します。第11回は前回に続き、「画賛」です。

安土・桃山、江戸時代になり、茶の湯がますます盛んになりますと、茶掛にふさわしい**画賛**《がさん》が作られていきます。それは**絵師**、**禅僧**、**茶匠**、**公卿**、**儒学者**などさまざまな職種の人々の交流によるところが大きく、その種類も多様化していきます。なお、画賛には画と賛の筆者が異なる場合と同一の場合とがあり、同一のものは**自画賛**《じがさん》と呼ばれています。

江戸時代前期を見ますと、徳川幕府の御用絵師となった**狩野派**《かのう》により、山水、人物、花鳥など幅広い画題の掛物が作られますが、時に禅僧や茶匠の賛が求められるようになります。たとえば、**狩野探幽**《たんゆう》の松原の画に**小堀遠州**《こぼりえんしゅう》が和歌を添えた画賛や、**久**《く》**隅守景**《すみもりかげ》の「劉伯倫図《りゅうはくりん》」に**江月宗玩**《こうげつそうがん》が漢詩を書いた画賛などが知られています。また**狩野山楽**《さんらく》の弟子に**松花堂昭乗**《しょうかどうしょうじょう》がいます。松花堂は石清水《いわしみず》八幡宮滝本坊の住持ですが、詩歌、書画にも優れ、書は寛永の三筆に挙げられています。画は墨の濃淡を生かした茶趣あふれる画風で、道釈人物や花鳥、山水などを多く描きました。松花堂の画には、**澤庵宗彭**《たくあんそうほう》、江月などの大徳寺僧、また遠州や**烏丸光廣**《からすまるみつひろ》、**石川**

丈山など多くの文化人が賛を付しており、これらの画賛は現在も茶席を賑わせてくれます。

琳派《りんぱ》では、**俵屋宗達**《たわらやそうたつ》が独特のたらし込み技法で描いた墨絵の「牛図」や、「犬図（狗子図）」「神農図」などに画賛が見られ、**尾形光琳**《おがたこうりん》には「鵜船《うぶね》図」（6号32頁）、「佐野渡《さののわたり》図」などの画賛が伝わります。光琳の弟である**乾山**《けんざん》は陶工でしたが、晩年江戸において優れた画賛を制作しています。

また茶匠といえば、千家三代**宗旦**は「梅画賛」など雅味のある自画賛を得意としました。三千家に分かれてからも、歴代家元の描く自画賛は各流儀で尊重されています。

江戸時代後半、家元制度が定着すると、各流派の**家元**、**茶匠**の画賛、自画賛はますますもてはやされていきます。一方、松江藩主であった**松平不昧**《まつだいらふまい》は、茶道具の蒐集のみならず、書画にも堪能で、画賛も手掛けています。**狩野養川院**《ようせんいん》や**伊川院**《いせんいん》の画に賛をしたり、自画賛を作ったりしています。自画賛は豆腐や、瓢箪などユニークなモチーフを描き、歌を添えており、茶席を和ませてくれます。

また琳派では**酒井抱一**《さかいほういつ》が活躍し、画賛では自画賛として「賤《しず》が屋の夕顔図」「七夕図」が、儒学者**亀**《かめ》**田鵬斎**《だほうさい》の賛を持つ画賛として「寒牡丹図」「紅白牡丹図」などが知られています。

画賛（安土・桃山、江戸時代）観賞の心得

一、画は狩野派、琳派、茶匠など、どの分野のものか見極める。

一、書体や落款《らっかん》より、賛は禅僧か文人か茶匠かを知り、画とのつながりや画賛のできたいきさつなどを推測する。

一、流儀の家元の画賛であれば、何代目かを知り、季節感や趣向を味わう。

大《おお》津《つ》馬《うま》図　松花堂昭乗《しょうかどうしょうじょう》筆　澤庵宗彭《たくあんそうほう》賛

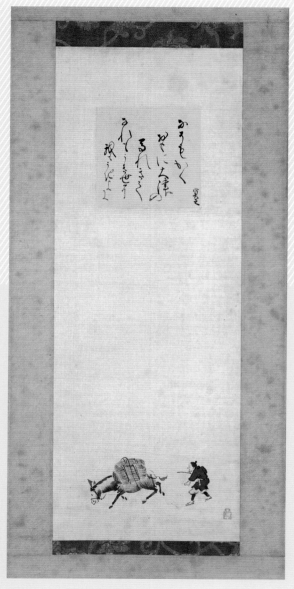

紙本墨画　江戸時代　根津美術館蔵

重そうな米俵を
運んでいるね。
大津馬とは？

賛は何と読むのだろう。
書いた人は「冥之」…？

冥之

な《奈》そ《曽》も《毛》か《加》く《久》
お《於》も《毛》に《仁》大津の《乃》
馬れ《礼》き《幾》て《天》
な《奈》れ《礼》も《毛》う《宇》き《幾》世に《耳》
我も《毛》う《宇》き《起》よ《与》に《尔》

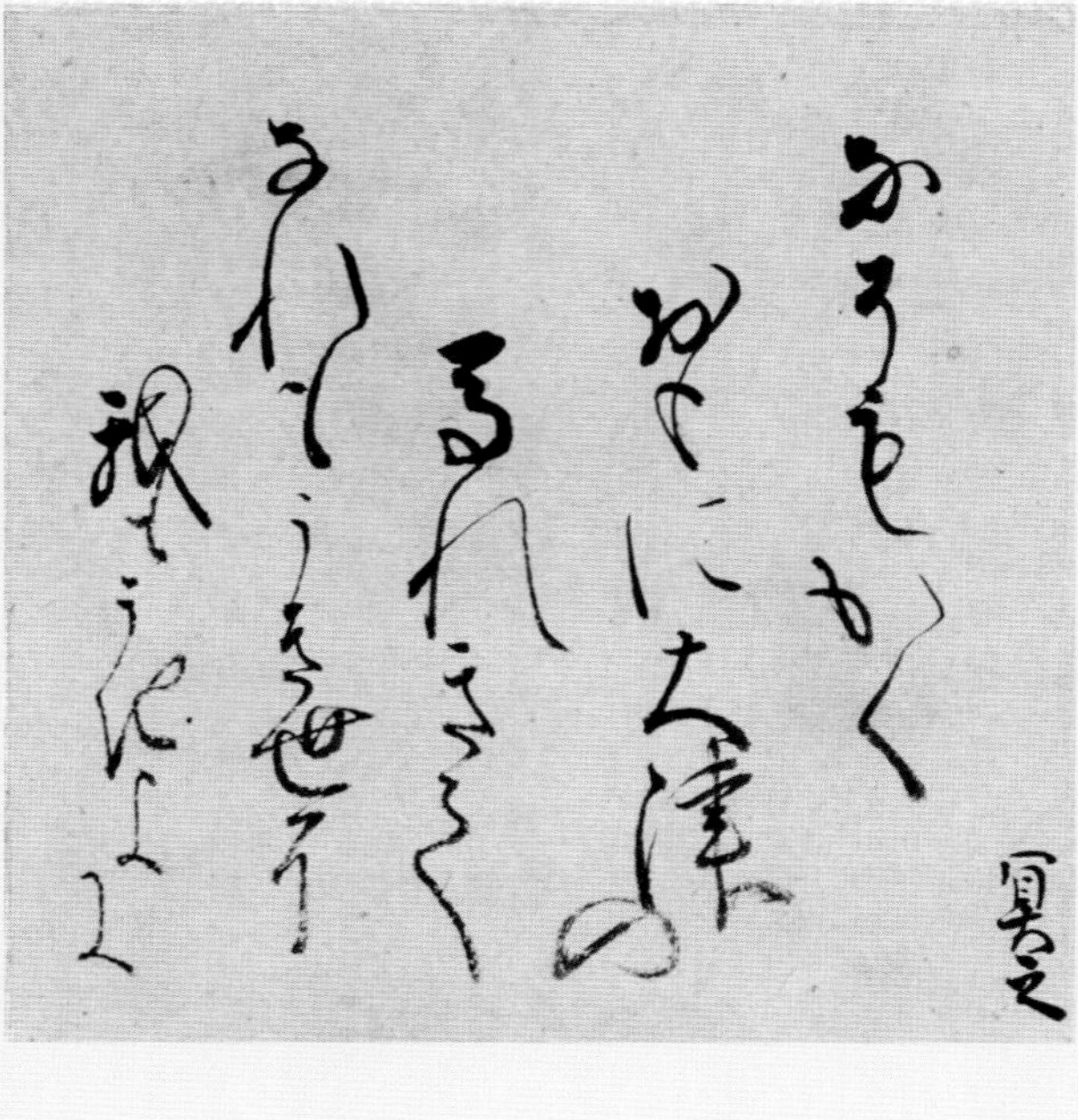

※仮名の横に配している漢字は、その仮名の字源です。

解説

大津馬《おおつうま》図　松花堂昭乗《しょうかどうしょうじょう》筆　澤庵宗彭《たくあんそうほう》賛

　今回取り上げた掛物は、**松花堂昭乗**（1582～1639）が大津馬の絵を描き、**澤庵宗彭**（1573～1645）が賛を色紙に書き、**小堀遠州**（1579～1647）が表装、箱書したものです。**寛永文化**を代表する三者の合作であり、その制作過程に興味深いものがあります。

　大津馬は近江の国大津の宿場より人や荷物を運送する馬であり、特に江州《ごうしゅう》米などを京に運ぶためには欠かせない存在でした。その際は難所である**逢坂山**《おうさかやま》を越さねばならず、馬にとっては重労働です。この絵にも、重い米俵を背負い、馬子に追い立てられ、首をうなだれて歩く大津馬が描かれます。青墨を用いて洒脱に描かれ、人物の表情や米俵の紐など細部にも抜かりがありません。右下には松花堂の朱印が捺《お》され、澤庵和尚が歌を記しています。

なそもかくおもに大津の馬《うま》れきて
なれもうき世に我もうきよに

右下には「冥之《めいし》」の号があります。なぜまあこのように重荷を負わねばならない大津の馬に生まれ来たのか、あなたも辛い浮世ですが私も同じく辛い浮世なのです、といった意味でしょう。「負う」と「大津」、「生まれる」と「馬」を掛けています。澤庵和尚がこの歌を書いたのは、**紫衣**《しえ》**事件**の時期だといわれています。

　高僧が着用する紫衣は従来天皇が下賜する習わしでしたが、徳川幕府がそこに介入し、紫衣の資格に幕府の認可を必要としました。そして資格取得に厳しい条件を設けたのです。大徳寺の玉室宗珀《ぎょくしつそうはく》、澤庵、江月和尚はそれに抗議したため、寛永六年（１６２９）玉室は奥州国棚倉、澤庵は出羽国上山《かみのやま》に**流罪**となりました。この色紙は澤庵が出羽国に配流中、遠州と松花堂が求めたとされています。一方澤庵は配流の前に江戸に召喚されていて、その東下りの途次に詠んだのではないかという説もあります。逢坂山を越えた澤庵がこれから裁定が下される自分の境遇を大津馬と重ねて詠み、後に遠州が歌意に添って松花堂に描いてもらったと考える方が、自然な気がします。掛物の一文《いちもん》字《じ》・風帯《ふうたい》は萌黄地唐草文金紗《きんしゃ》、中廻《ちゅうまわ》しは白茶地卍文緞子《どんす》、上下は薄茶地絓《しけ》と遠州好で、内箱の蓋表書付「大津馬」も遠州筆です。

本幅は数寄者の**根津青山**《ねづせいざん》が入手し、**歳暮茶会**に使われています。青山は大正八年（１９１９）頃から、毎年暮れに歳暮茶会を行い、数寄者の間で好評を博しました。懇意にしていた高橋《たかはし》箒庵《そうあん》は、この軸は暮れにふさわしいからと、用いることを勧めます。しかし実際に青山が歳暮茶会に使いはじめたのはもう少し後からのようです。箒庵は『昭和茶道記』昭和三年（１９２８）の項に、第九回歳暮茶会に伺った内容として、この「大津馬図」が使われるのを毎年毎年待っており、今年こそはと思ったがやはり出てこなかったと書いています。

青山の没後も根津美術館において歳暮茶会は続けられ、ゆかりの茶道具が用いられています。一樹庵に「大津馬図」が掛かり、伊賀《いが》伽《が》藍《らん》香合、南蛮芋頭水指、節季大海茶入、江岑《こうしん》作銘大晦日茶杓などが主に取り合わせられました。弘仁亭には雲州家伝来の名物南蛮銅鑼《どら》が置かれて席入ごとに打たれ、その余韻の長い重厚な響きが庭一帯に広がり、暮れの情趣を深めてくれたものです。

秋萩図《あきはぎず》 尾形乾山《おがたけんざん》筆

紙本着色・墨書　江戸時代
畠山記念館蔵

賛は中央に堂々と
書かれているね

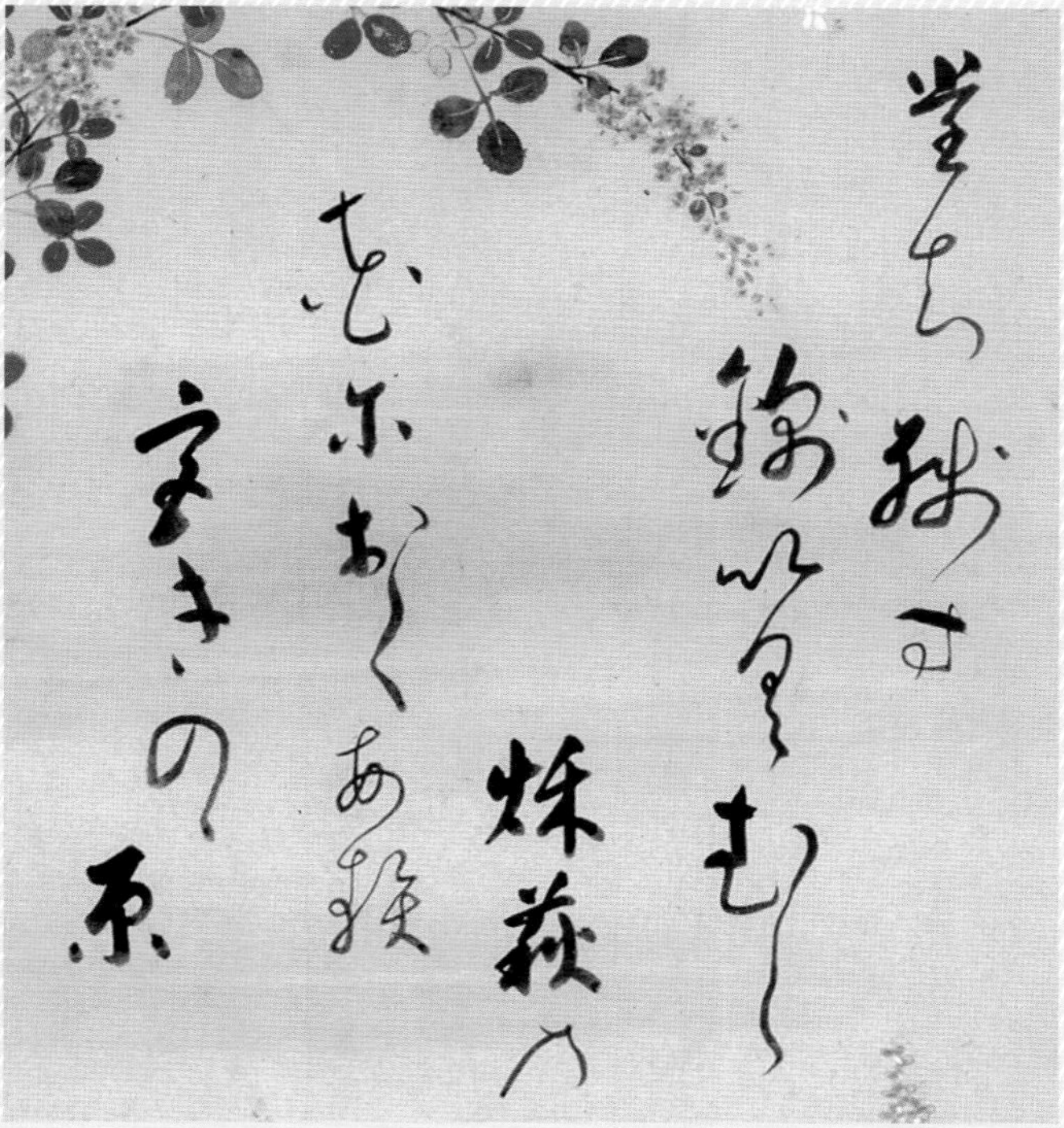

葉は「たらし込み」の技法かしら？

たち《堂知》残す《寸》
錦いくむら《以具武良》
秋萩の《乃》
花におくある《尓於久阿類》
宮きの《幾乃》ゝ原
京城紫翠深省
画（霊海朱印）

※仮名の横に配している漢字は、その仮名の字源です。

解説　秋萩図《あきはぎず》　尾形乾山《おがたけんざん》筆

陶工として世に名を成した**尾形乾山**（１６６３～１７４３）は、晩年には素晴らしい画賛を描いています。まずはその略歴から。

寛文三年、京の呉服商**雁金屋**《かりがねや》尾形宗謙の三男として生まれます。名は権平。貞享四年（１６８７　二十五歳）に父宗謙が没すると、遺言により長男藤三郎は雁金屋本宅、家督を継ぐのに必要な家財金銀、次男市之丞（光琳）は屋敷二カ所と能道具一式、権平は屋敷三カ所、印月江（月江正印）墨蹟、書籍一式を譲り受けました。この年に名を権平から深省《しんせい》に改めています。元禄二年（１６８９　二十七歳）、仁和寺門前、双ケ岡の麓に草庵「**習静堂**」を建て、若くして隠棲します。ここで陶芸だけでなく禅、漢籍など種々の芸術、学問を追及し、禅では黄檗宗隠元《いんげん》門下として名高い独照性円《どくしょうしょうえん》に参禅して印可状までもらっています。作陶は本阿《ほんあ》弥空中《みくうちゅう》や樂一入《らくいちにゅう》から学んだといわれます。

元禄十二年（１６９９　三十七歳）、**鳴滝**《なるたき》泉谷において開窯、**乾山焼**と称します。この窯が御所の**乾**《いぬい》の方向（北西）にあたるため乾山の名がつきました。二代仁清より『陶法秘伝書』を授かり、制作は押小路《おしこうじ》焼の孫兵衛らが手伝っています。**白地銹絵**《さびえ》の手法を生み出し、手桶水指、雪笹手鉢などの大作も手掛けました。正徳二年（１７１２　五十歳）に鳴滝窯を廃窯し、**二条丁子屋町**に移ります。窯は粟田口《あわたぐち》、清水《きよみず》に借り、向付《むこうづけ》、小鉢などの**食器類**を多く生産します。享保十六年（１７３１　六十九歳）には、輪王寺宮の知遇により江戸寛永寺領の**入谷**《いりや》に下向します。養子猪八は二代乾山を名乗り、洛東、聖護院《しょうごいん》の傍らで作陶を続けました。

乾山は入谷に窯を築き、再び作陶をはじめます。ここでは陶法の伝書も書いています。元文二年（1737　七十五歳）三月に**『陶工必要』**（江戸伝書）を、同年九月に下野の佐野に遊び、『陶磁製方』（佐野伝書）を書き終えます。そして寛保三年（1743）六月二日に八十一歳で没します。江戸に来てからは陶芸よりも、むしろ精力的に兄光琳風の画を描いていました。年紀銘の入った画の中でもっとも若いものが享保十七年、七十歳の時に描いた「滝図」であり、もっとも後のものが寛保三年、亡くなる年に描いた「定家詠十二ヶ月和歌花鳥図」なので、最後の約十年間に精力的に描いたようです。中には「立葵図」「花籠図」など老齢ながら壮者を凌ぐ勢いの画もあります。そのほとんどが**歌や詩を伴う画賛**であり、賛も画の一部のごとく大胆に書き入れています。

今回取り上げた「秋萩図」は、萩が華麗に咲き広がり、風になびいている様子が光琳風に描かれます。萩の花は白と薄紅色で緻密に描かれ、葉は緑の濃淡、黄金色、また墨によるたらし込み技法が入り混じり、変化に富んでいます。また萩は上下から迫りくるように描かれ、厚みや立体感が増します。中央には**三条西実隆《さんじょうにしさねたか》**の歌が乾山により書かれ、画と一体化しています。

たち残す錦いくむら秋萩の
花におくある宮きのゝ原

裁ち残した錦がいくむら重なっているのだろう、秋萩の花が奥深く咲く宮城野《みやぎの》の原であることよ、といった意味でしょうか。画賛の中でも粋な構図で、晩年の作とは思えないみずみずしさが感じられます。

掛ける
取り合わせと掛物

待合掛と本席掛のはたらきや、掛物に寄せる亭主の思いを伝えます。各地のお茶人による月替り連載です。

十月
炉開き

文／小林《こばやし》宗津《そうしん》（秋田県・淡交会秋田支部）

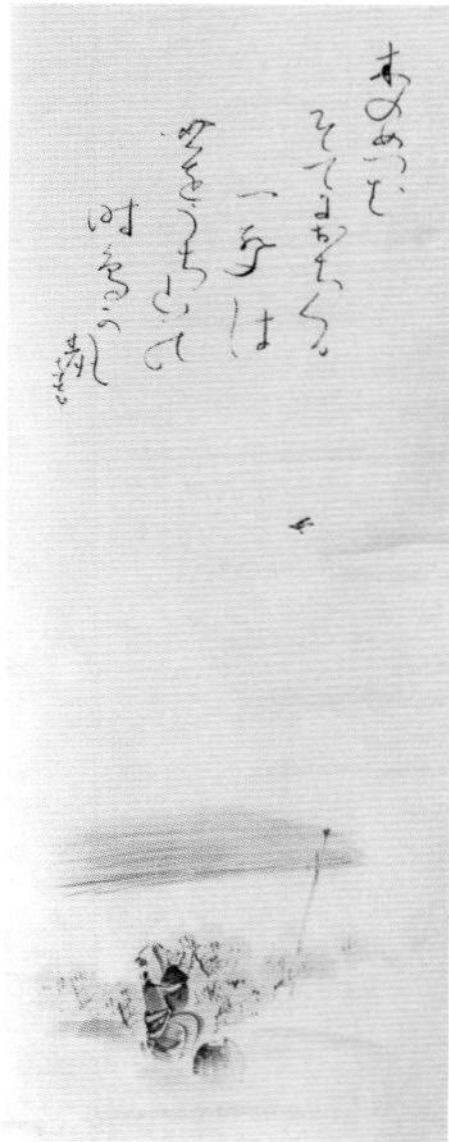

木の《乃》め《女》つ《川》む《武》
そ《曽》て《天》に《尓》お《於》ち《知》く《久》る《留》
一聲は《波》
世を《遠》う《宇》ち《知》山の《能》
時鳥か《可》も《毛》
蓮月
七十七才

待合床　蓮月尼筆　茶摘み画賛
木のめつむそてにおちくる一聲は
世をうち山の時鳥かも
茶入日記

脇　海老結び
利休四百年忌三千家好
利休梅ツボツボ蜀巴帛紗　友湖製

待合

松無古今色

本席

床　前大徳 宙寶宗宇筆　松無古今色
茶壺　呂宋写灰釉　玄衛造
花　初嵐　蔦
花入　又妙斎歌入　瓢花入
　茶の湯には梅寒菊に黄はみ落
　青竹枯木暁の霜　圓能斎箱　鵬雲斎大宗匠箱
風炉先　坐忘斎家元好在判箱　祥壽　吉兵衛製
釜　鵬雲斎大宗匠好箱　鶴雲　與斎造
炉縁　坐忘斎家元好在判箱　菊の丸　利斎造
棚　坐忘斎家元好在判箱　佳辰　秀斎造
水指　古染付　鳳凰絵　淡々斎箱
茶入　織部肩衝　銘 大翁　坐忘斎家元箱
　仕覆　利休間道
茶杓　坐忘斎家元作　銘 高砂
茶碗　備前　鵬雲斎大宗匠箱　陶陽造
薄器　唐松絵大棗　鵬雲斎大宗匠箱　宗哲造

蓋置　鵬雲斎大宗匠好箱　緑釉竹　直入造
建水　鵬雲斎大宗匠好　モール鳳来　浄益造
御茶　坐忘斎家元好　幽閑の昔　松籟園詰
菓子　亥の子餅　榮太樓製
器　鵬雲斎大宗匠好在判箱　縁高　玉栄造

干支はじめの子年に、茶人の正月を無事迎えられましたこと、この上ない喜びです。私の稽古場では、毎年、十一月の最初の稽古日から曜日ごとに炉開きをしております。社中の方々が石臼で挽いた葉茶を私が点前をして点て、ご馳走します。皆が次の人のためにお茶を挽き、つないでいきます。石臼で挽いたお茶は、練るとお茶本来の味がして、社中の方々には明日への一歩になっているようです。

床の間には茶壺を飾り、その年の干支や勅題との別れなどを考えて、道具組みをいたします。このたびは炉開きにふさわしく、さんべ（織部《おりべ》、伊部《いんべ》、瓢《ふくべ》）を用いて取り合わせてみました。

待合に掛けましたのは茶摘み画賛。八十五歳という長寿であった大《お》田《た》垣《がき》蓮《れん》月《げつ》尼（1791～1875）が七十七歳の時に書かれたものです。八十八夜の頃に摘んだ葉茶を、今こうしていただくご縁により、この軸を掛けてみました。脇床には茶壺の海老結び

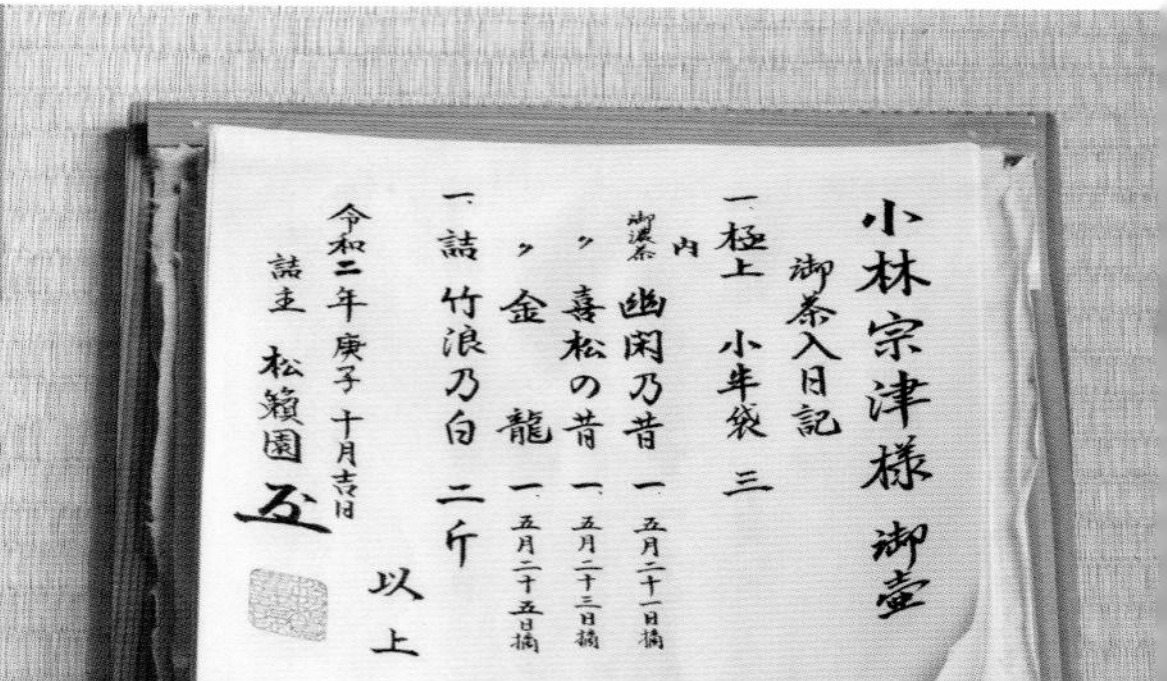

を、床前には茶入日記を飾ります。

本席は宙寶宗宇《ちゅうほうそうう》（1759～1838）の「松無古今色」です。京都に生まれ、大徳寺第四一八世や芳春院の第十三世住持を務め、七十九歳で亡くなりました。力強い中に、優しさを感じるお筆です。「松に古今の色無し」、古今変わらぬ緑を保つ松——。この語について、坐忘斎家元が四月にビデオメッセージで話された「本体がしっかりしている限り、くずれることはない」というお言葉に本当に力をいただきました。今年は何があっても変わることのない幸せ、普遍性を祈ることの難しさを痛感させられる年でした。そんな年に相応しいかと思い、掛けてみました。

床には葉茶の入っていた茶壺の紐を真行草に結び、飾りました。瓢花入に入れたのは、ちょうどよいふくらみ加減で庭に咲いていた初嵐と照葉《てりは》です。瓢花入には、炉開きにふさわしく陰陽の調和を感じさせる利休百首が朱漆で書き付けられています。

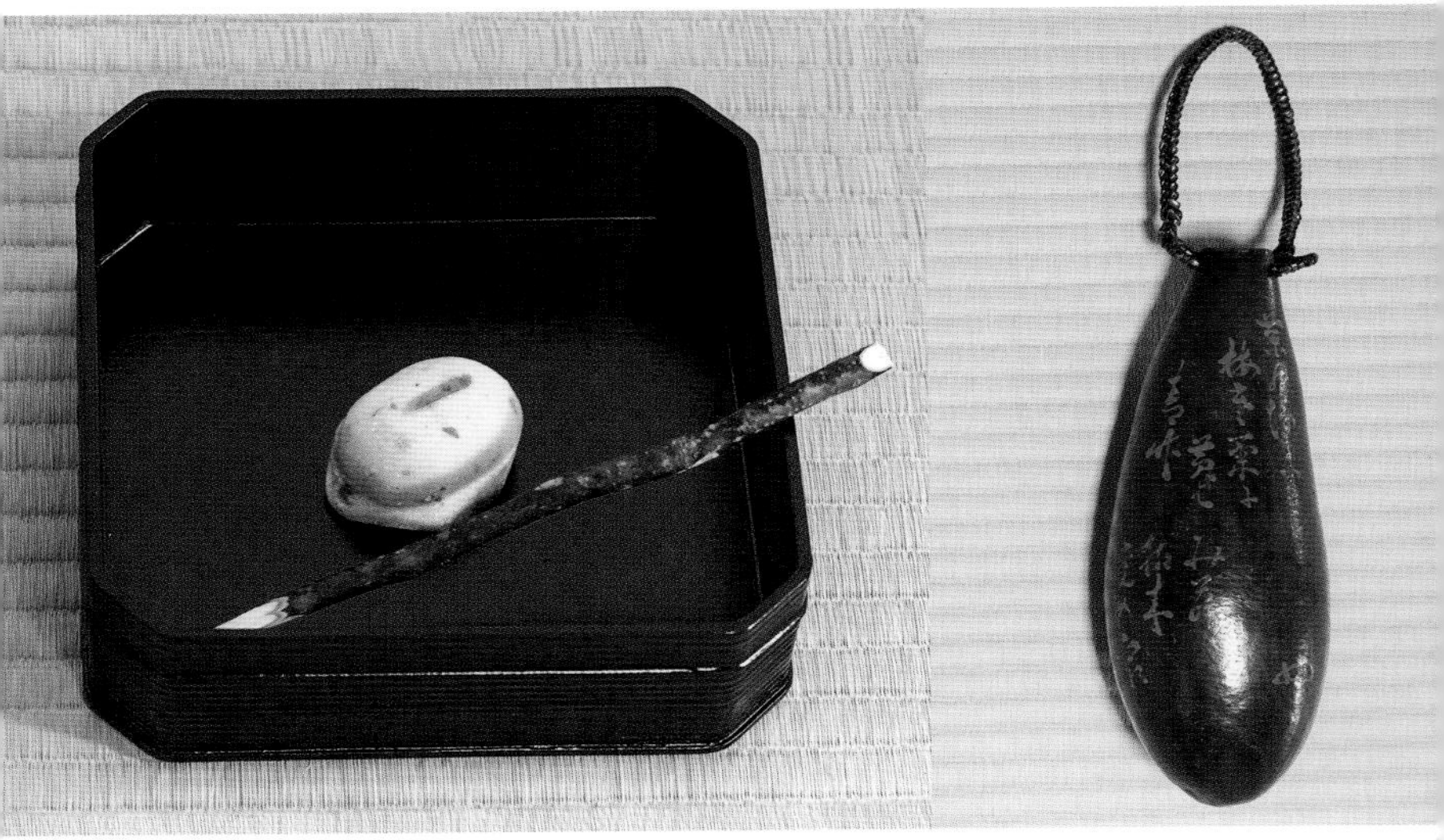

茶の湯には梅寒菊に黄はみ落
青竹枯木暁の霜

圓能斎宗匠の箱には、「父　幽軒歌銘古瓢花入」と認《したた》められており、若くしてお家元を継承された宗匠の思いが伝わり、胸が熱くなります。

半年ぶりに炉を開き、火を熾《おこ》して炉用の太い胴炭を入れ、釜を懸けました。点前座には祥壽風炉先を据え、蒔絵の四神に守られた佳辰棚に古染付鳳凰絵の水指を合わせました。茶入はさんべの一つ、織部肩衝。坐忘斎家元にいただいた「大翁」の銘のとおり、存在感のある肩衝です。茶杓は坐忘斎家元作の銘「高《たか》砂《さご》」。茶碗はさんべの最後、備前（伊部）の金重陶陽の一碗を取り合わせ、おめでた一色にいたしました。

炉開きを終えると、日々の稽古がはじまります。まずは薄茶運び点前の基本から、という母の教えを守り、受け継いだ社中の方々と共にこの道に精進したいと思います。

私の一幅

神農さまと共にお茶を―― 神農像

神農さまは約五千年も前の中国の人で、あらゆる百草根木皮をご自分でなめて薬効を確かめ、薬草と毒草を見分けられた方です。自身も七十の毒にあたり、お茶をなめてその毒を消したといわれています。お茶は中国では薬として用いられ、日本にも当初薬として入ってきました。

今年は新型コロナウイルスが蔓延し、苦しい一年でした。私にとって大切な軸を選ぶにあたり、最初に思い浮かびましたのが、薬の神さまである神農さまです。代々医者の家系である当家では、神農さまを一年中床に掛けており、子供の頃はその牛頭人身のお姿が怖くて、目を合わせないようにと瞥見《べっけん》していたことを思い出します。

床柱に掛けましたのは、大阪の少彦名《すくなひこな》神社の張り子の虎です。社中の方にいただいたもので、病除祈願のお守りとして施与されているそうです。文政五年（1822）、大坂で疫病（コレラ）が流行した時、道修町の薬種仲間が疫病除薬として「虎頭殺鬼雄黄圓」という丸薬を作り、神前で祈禱をし、施薬しました。この時、疫病祈願のお守りとしてあわせて施与されていたのが、「張り子の虎」です。今年はことのほかお参りの方が多いと聞いております。

これまで無事に母と共にお稽古を続けてこられましたのも、我が家を守ってくださった神農さまのお陰と感じずにはいられません。奇しくも、十一月は神農さまの祭礼の月です。一服のお茶を供え、ますますのご加護をお祈りしたいと思います。

季節のことば
禅のことば

毎月、日本の季節・こころをうつすことばや禅語・故事に関連するものの中から、銘に使いたくなるようなことばを紹介します。

※類は類語・関連語です。

紅葉《もみじ》・黄葉

▼

木の葉が秋に赤や黄色に色づくこと、またその葉。「葉が色づく」という意の動詞「モミヅ（上代は清音でモミツ）」の連用形「モミヂ（モミチ）」が名詞化したもの。中国の漢詩文では当初「黄葉」と書いていたことから、万葉の頃は「黄葉」の字をあて、平安時代以降もっぱら「紅葉」と書くことが多くなった。

類 紅葉づ《もみづ》／もみじ葉《もみじば》／色葉《いろは》／色見草／妻恋草

照紅葉《てりもみじ》

▼

紅葉し、秋の陽射しを受けて美しく照り輝く葉。日光がよく当たると、葉はいっそう早く、美しく染まっていく。

類 照葉《てりは》

時雨の色《しぐれのいろ》

▼

時雨は、秋の末から冬のはじめ頃に降る、降ったりやんだりする雨のこと。「時雨の色」は時雨のために色づいた草木の葉色をさす。古く、草木は時雨や露によって「もみぢ」すると考えられたため、こうしたことばがある。

小倉山《おぐらやま》

▼

京都市右京区嵯峨西部にある小倉山は、大堰川《おおいがわ》を隔てて嵐山と対峙する山で、歌枕の一。紅葉の名所として知られ、「小暗《おぐら》し」という意を掛けて和歌に詠まれてきた。また、奈良県桜井市にも小倉山があり、鹿が景物となる。

㊩ 嵯峨野《さがの》

鬼無里《きなさ》

▼

信濃の戸《と》隠《がくし》村荒倉山を舞台とする、鬼女伝説にちなむ。この地には、京の都から配流された美しく高貴な女性紅葉《もみじ》がいたが、やがて悪党に担がれて盗賊の首領となってしまう。荒倉山で旅人を襲って豪勢な暮らしをしていたが、やがて朝廷に命じられた平維茂《たいらのこれもち》らに、討たれることとなる。以降、この地は〝鬼の無い里〟の意で、鬼無里と呼ばれるようになったという。この伝説から謡曲「紅葉狩」が生まれ、また現在でも荒倉山の山中には鬼女紅葉が住んでいたという岩屋（洞窟）が残っている。

鹿の声《しかのこえ》

▼ 秋の交尾期になると、山々には雄鹿が雌鹿を呼ぶ声が響く。夕暮れから夜にかけて多く鳴き、古く万葉の頃から歌に詠まれてきた。平安時代になると、「奥山に紅葉踏み分け鳴く鹿の　声聞くときぞ秋は悲しき」（『古今和歌集』／よみびとしらず）のように、この妻恋いの鹿の声は秋の哀愁を誘うものだと捉えられるようになる。

㊫ 妻恋う鹿／鹿鳴く

木の葉猿《このはざる》

▼ 木の葉が散るのを小猿が身軽に飛び回るさまに喩《たと》えていうことば。あるいは、樹上を身軽に伝う小猿のこと。また、落葉を時雨に見立てたり、その音を雨音に喩えたりして、「木の葉時雨」「木の葉の雨」などのことばがある。

敷松葉《しきまつば》

▼ 冬のはじめまたは炉開きの頃、庭の苔が霜によって傷むのを防ぐために松の枯葉を敷くこと。松葉は赤葉となって落ちたものを、水洗いして葉先を揃えて用いる。霜除けのための実用的な冬支度ではあるが、初冬の庭に情趣を添えるものである。

夕霧《ゆうぎり》

▼ 夕方に立つ霧のこと。対して、朝に立つ霧は「朝霧《あさぎり》」。

晩鐘《ばんしょう》

日没の頃に寺院などでつく鐘の音。いわゆる入相《いりあい》の鐘の音、暮れの鐘のこと。「山寺の入相の鐘の声ごとに　今日も暮れぬと聞くぞ悲しき」（『拾遺和歌集』／よみびとしらず）などの歌があり、しみじみとした哀愁が感じられる。また、絵画のモチーフとしても取り上げられている。

霜の声《しものこえ》

霜が降りる寒い夜、遠くからしんしんと物音が聞こえるような感じをいう。冴え渡った気分である。

㊫ 霜の音

善哉《ぜんざい》

梵語「sadhu」の漢訳で、「素晴らしい」の意。よきかな、よいかな、とほめたたえる語であり、仏典の中では、弟子が述べた仏教の真理についての見解を師が賛嘆する時に発することば。なお、俗説ではあるが、開炉に喜ばれる善哉餅の名は、その美味しさに驚いた禅僧が「善哉」と発したことに由来するという。

千秋万歳《せんしゅうばんぜい》

千年万年、転じて永久、永遠またそれを願うことば。長寿を祝い、千年万年の長寿を楽しむこと。「せんしゅうばんざい」とも読む。

◎ 時候

晩秋
- 秋寒 あきさむ
- 行く秋 ゆくあき
- 秋惜しむ あきおしむ
- 秋の末 あきのすえ
- 秋の果 あきのはて
- 冬隣る ふゆとなる
- 冬近し ふゆちかし

初冬
- 冬めく ふゆめく
- 冬来る ふゆきたる
- 冬立つ ふゆたつ
- 上冬 じょうとう
- 今朝の冬 けさのふゆ
- 小六月 ころくがつ
- 小春風 こはるかぜ
- 小春 こはる

◎ 天文・地理

- 龍田姫 たつたひめ
- 龍田川 たつたがわ
- 手向山 たむけやま
- 初時雨 はつしぐれ
- 村時雨 むらしぐれ
- 里時雨 さとしぐれ
- 霧時雨 きりしぐれ
- 時雨傘 しぐれがさ
- 山めぐり やまめぐり
- 初霜 はつしも
- 霜の花 しものはな
- 霜柱 しもばしら
- 凩・木枯 こがらし
- 山眠る やまねむる

◎ 動植物

- 錦繡 きんしゅう
- 梢の錦 こずえのにしき
- 銀杏黄葉 いちょうもみじ
- 下紅葉 したもみじ
- 入紅葉 いりもみじ
- 夕紅葉 ゆうもみじ
- 渓紅葉 たにもみじ
- 庭紅葉 にわもみじ
- 冬紅葉 ふゆもみじ
- 散紅葉 ちりもみじ
- 峰の紅葉 みねのもみじ
- 残る紅葉 のこるもみじ
- 色変へぬ松 いろかえぬまつ
- 常盤 ときわ
- 落葉風 おちばかぜ
- 落葉籠 おちばかご
- 柿落葉 かきおちば
- 吹寄 ふきよせ
- 返り花 かえりばな
- 忘花 わすればな

◎ 暮らし・年中行事ほか

- 熟み柿 うみがき
- 落柿 おちがき
- 木守 きまもり・こもり
- 雪虫 ゆきむし
- 雪蛍 ゆきほたる
- 紅葉狩 もみじがり
- 紅葉の賀 もみじのが
- 紅葉舟 もみじぶね
- 紅葉襲 もみじがさね
- 紅葉衣 もみじごろも
- 落葉焚 おちばたき
- 豊の明り とよのあかり
- 五節の舞 ごせちのまい
- 日蔭の糸 ひかげのいと
- 芦刈 あしかり
- 芦刈舟 あしかりぶね
- 七五三祝 しめいわい